Made in the USA
Las Vegas, NV
01 April 2024

88088381R00056